Bibliografische Information der Deutschen Nationalbibliothek:

Die Deutsche Bibliothek verzeichnet diese Publikation in der Deutschen National-
bibliografie; detaillierte bibliografische Daten sind im Internet über http://dnb.d-
nb.de/ abrufbar.

Impressum:

Copyright © 2015 GRIN Verlag, Open Publishing GmbH
Druck und Bindung: Books on Demand GmbH, Norderstedt Germany
ISBN: 9783668565395

Dieses Buch bei GRIN:

http://www.grin.com/de/e-book/378406/obdachlosigkeit-in-berlin-und-potsdam-
ein-eigener-habitus

Elisa Pfennig

Obdachlosigkeit in Berlin und Potsdam. Ein eigener Habitus?

Eine Beobachtungsstudie obdachloser Menschen

GRIN Verlag

GRIN - Your knowledge has value

Der GRIN Verlag publiziert seit 1998 wissenschaftliche Arbeiten von Studenten, Hochschullehrern und anderen Akademikern als eBook und gedrucktes Buch. Die Verlagswebsite www.grin.com ist die ideale Plattform zur Veröffentlichung von Hausarbeiten, Abschlussarbeiten, wissenschaftlichen Aufsätzen, Dissertationen und Fachbüchern.

Besuchen Sie uns im Internet:

http://www.grin.com/

http://www.facebook.com/grincom

http://www.twitter.com/grin_com

Universität Potsdam   28.08.2015
Sozialwissenschaftliche Fakultät
Kurs: Soziale Ungleichheit und gesellschaftliche Differenzierung

Sommersemester 2014/15

<u>Obdachlosigkeit – Ein eigener Habitus?</u>
Eine Beobachtungsstudie des Alltagslebens obdachloser Menschen in Berlin und Potsdam

Verfasserin: Elisa Pfennig

Zwei-Fach Bachelor Geschichte Soziologie, 6. Semester

Gliederung

1 Einleitung

„2006. Berlin Alexanderplatz. Wie so oft sitzen wir, wenn nicht im Volkspark
Friedrichshain, unter der Weltzeituhr. Heute Nacht hatte sich die Truppe bei Bluti
eingenistet, der zurzeit ne Wohnung in der Neuen Bahnhofsstraße vom Amt
bekommen hat. Streetworker hatten ihm dabei geholfen sich erst OFW (ohne festen
Wohnsitz) zu melden, um dann nen FW zu bekommen. Super Sache, so haben
immerhin ca. zwanzig Leute nen DPP (dauerhaften Pennplatz). Nachdem wir uns
von den Resten des Vortags der umliegenden Bäckerei wohlgenährt hatten, gings
mit der Bahn ab zum Alex. Kurz ne Runde schnorren um den ersten Pivo kaufen zu
können. Man könntes als billigen Martini-Verschnitt beschreiben, unser absolutes
Lieblingsgetränk zurzeit. So hat man mehr Prozente in einer Flasche, so viel Molle
tragen is schwer irgendwann und die süffelt man ja so schnell leer. Aber
Schnapskinder wollten wa auch nich sein. So dümpelte also der Tag zwischen Pivo,
Hunden, Schnorren, Touristen ärgern und sich mit dem Ordnungsamt streiten dahin.
Endlich 16 Uhr und der KUB-Wagen kommt. Es gibt belegte Brote, Eier und Obst.
Die Vollverpflegung am Alex. Dienstag und Donnerstag kommt der KUB. Mittwoch
bringt Karuna e.V. warmes Essen. Da wird sich der Magen richtig voll geschlagen,
reicht als Mahlzeit für einen Tag, so kann man die erschnorrte Kohle für anderen
Schabernack ausgeben. Und nun ab zum Park…"

Diese Beschreibung einer Alltagssituation des obdachlosen Straßenlebens
entstammt meinen eigenen Erinnerungen aus dem Jahr 2006. In diesem Jahr lebte
ich für ca. vier Monate von Mai bis September selbst „auf der Straße" in Berlin und
war in der Punkszene unterwegs. Ich habe den Wohnsitz bei meiner Mutter nicht
mehr wahrgenommen und galt als vermisst gemeldet, war demnach ohne festen
Wohnsitz und musste mir jeden Abend erneut Gedanken um meinen Schlafplatz
machen. Aus dieser Szenerie lässt sich ein exemplarischer Tag im Straßenleben
ablesen: Nahrungsmittelbeschaffung, Schlafplatzsuche, Gruppenleben und Alkohol
sind zentrale Lebenskategorien, die die Strukturieren und Organisation des Alltags
bestimmen. Denn auch im Leben „auf der Straße" gilt es die Ressource Zeit sinnvoll
zu füllen und eine Art der Lebensführung zu gestalten. Hieraus lässt sich ein
Spezifikum moderner Gesellschaften ablesen: Der Zwang zur individuellen
Lebensgestaltung bei sich einer immer weiter ausdifferenzierenden Gesellschaft.
Unterschiedliche individuelle Lebenskonzepte und die soziale Lage (welche

hauptsächlich durch Erwerbsarbeit und Eigentum bestimmt ist) führen zu verschiedenen Formen der Alltagsgestaltung, also zu typischen Tagesarrangements mit Regelmäßigkeiten und Routinen. Ein „Obdachlosenalltag" ist eine Form der Lebensgestaltung und soll im Folgenden näher beleuchtet werden.

Dieser Erfahrungszusammenhang ist, wie andere Lebenserfahrungen, Teil meiner Lebenswirklichkeit. Aus dieser Lebenswirklichkeit resultieren bestimmte Deutungs- und Wahrnehmungsmuster, welche sich auch in meinem wissenschaftlichen Zugang zum Thema Obdachlosigkeit widerspiegelt. Obwohl ich versucht habe, meine Erfahrungswerte nicht auf die folgende soziologische Forschung zu übertragen, sollte dem Leser bewusst sein, dass ich eine „subjektive" Wirklichkeit in dieser Arbeit formuliere, die ich aufgrund wissenschaftlicher Beobachtungen in einen Sinnzusammenhang gestellt habe. Dieser ist als Angebot zu betrachten und nicht als „objektive" Wirklichkeit oder Wahrheit. Im Sinne des Forschungsstands der Vertreter der sogenannten „kulturalistischen Wende" habe ich hiermit versucht mich und meine Lebenswirklichkeit und damit meinen Forschungszugang offen zu legen.

Das Forschungsinteresse galt dem Alltagsleben obdachloser Menschen, im Sinne ihres Ess-, Trink-, Aufenthalts- und Kleidungsverhaltens. Auffällig ist, dass in sozialstrukturellen Modellen der Gliederung von modernen Gesellschaften soziale Randgruppen teilweise nicht berücksichtigt sind. Als Hintergrund dessen kann man eruieren, dass Sozialstrukturanalyse immer noch auf Grundlage von Einkommen und Status der Erwerbsarbeit fußt. Da sich aber obdachlose Menschen ohne festen Wohnsitz und meist ohne Erwerbsarbeit durchs Leben bewegen und daher gesellschaftlichen Normen der Behausung und Grundsicherung widersprechen, gilt dieses Lebensmodell als abnorm und fällt aus Sozialstrukturmodellen heraus. Allein darin steckt bereits die soziale Ungleichheit: In einem sozialstrukturellen Gesellschaftsmodell nicht erfasst und daher soziologisch nicht besonders wahrgenommen zu werden. Hier drückt sich bereits gesellschaftliches Desinteresse aus. Daher war es mir ein besonderes Anliegen diese soziale Gruppe stärker soziologisch unter die Lupe zu nehmen[1]: Wie organisieren obdachlose Menschen ihren Tagesablauf? (Wenn doch nichts strukturell durch Ausbildung oder Erwerbsarbeit vorgegeben ist) Wie kommen diese an lebensnotwendige Dinge wie Essen, Kleidung, Getränke und Schlafplatz und wie werden diese konsumiert? Wie

---

[1] Es existieren kaum soziologische Forschungen über obdachlose Menschen.

ist das Verhalten untereinander in der Gruppe? Welchen Lebensstil also legen obdachlose Menschen an den Tag?

Pierre Bourdieu konnte in seinen Forschungen feststellen, dass Milieus und soziale Gruppen ihre Zugehörigkeit und Abgrenzung untereinander durch einen bestimmten Habitus deutlich machen. Das also die Mitglieder einer bestimmten sozialen Gruppe einen bestimmten Habitus entwickeln, der sich in Kleidung, Nahrung, Konsumverhalten, Gestik und Mimik usw. ausdrückt. Haben demnach obdachlose Menschen einen eigenen Habitus? Wie spiegelt sich die Lebenswirklichkeit in diesem Habitus wieder?

Diesen Fragen versucht die Arbeit Antwort zu geben, die ein Angebot sind, die Lebenswelt obdachloser Menschen zu deuten. Zuallererst soll das Habituskonzept von Bourdieu verdeutlicht werden, um anschließend zum Begriff und zur Lebenswirklichkeit der Obdachlosigkeit zu gelangen. Daran schließt sich unsere Beobachtungsstudie obdachloser Menschen in Berlin und Potsdam an, bei welcher der Versuch unternommen wurde, die Lebenswelt im Sinne des Alltagslebens anhand bestimmter Kategorien zu erfassen. Zum Ende hin soll aufgrund der Beobachtungsergebnisse geklärt werden, ob und welchen Habitus obdachlose Menschen, als Mitglieder einer sozialen Gruppe, entwickeln und ausbilden.

2 Bourdieus Habituskonzept

In Bourdieus Konzeption des sozialen Raums kommt dem Begriff des Habitus eine zentrale Schlüsselposition zu, um seine Position im sozialen Raum, also seine Milieuzugehörigkeit zum Ausdruck zu bringen. Hierbei kann der Habitus grundsätzlich als innere und äußere Haltung eines Menschen bezeichnet werden. Es sind bestimmte Denk- und Handlungsschemata, die gesellschaftlich erzeugt sind und ein Mittel zur Distinktion gegenüber anderen Milieus.

> „Der Habitus ist das generative und vereinheitlichende Prinzip, das die intrinsischen und relationalen Merkmale einer Position in einen einheitlichen Lebensstil rückübersetzt, das heißt in das einheitliche Endemble der von einem Akteur für sich ausgewählten Personen, Güter und Praktiken."[2]

---

[2] In: Bourdieu, Praktische Vernunft, S.21

Das heißt, dass bestimmte Praktiken, Besitztümer und Meinungsäußerungen mithilfe sozialer Wahrnehmungskategorien zu symbolischen Unterschieden werden. Es ist eine mittels bestimmter Symbole vermittelte Sprache des gemeinsamen Lebensstils. Also ein „systematisches Ensemble von Gütern und Eigenschaften, die untereinander durch Stilaffinität verbunden sind."[3] Symbole können Geschmacksvorlieben hinsichtlich Speisen, Getränke, Kleidung und Konsumgüter sein, sowie Auftreten, Gestik, Mimik usw. Unsere nachfolgende Forschung konzentriert sich aufgrund der Erhebungsmethode vor allem auf den symbolischen Ausfluss des Habitus hinsichtlich der Vorlieben bei Speisen, Getränken, Kleidung, Konsumgütern und Schlaf- und Aufenthaltsplätzen.

3 Obdachlosigkeit

> „Jeder Stadtbewohner und jede Stadtbewohnerin kennt sie durch Augenschein: Männer und immer häufiger auch Frauen, die regelmäßig an bestimmten öffentlichen Plätzen zu finden sind und dort allein oder in kleinen Gruppen, mehr oder weniger abgerissen aussehend, ihre Habseligkeiten um sich herum ausgebreitet und umringt von Flaschen mit billigem Wein oder Fusel, ihre Tage und nicht selten auch ihre Nächte verbringen. Menschen, bei denen schon durch ihr Äußeres und durch ihr Verhalten leicht zu erkennen ist, daß sie ein Leben außerhalb der „bürgerlichen Normalität" führen."[4]

Wann ist ein Mensch obdachlos und an welchen Symbolen, anhand seiner spezifischen Lebenswirklichkeit, lässt sich dies erkennen? Eine Begriffsdefinition und Beschreibung der Lebenswirklichkeit.

3.1 Begriffsdefinition

Laut ETHOS (European Typologie on Homelessness und Housing Exklusion) gelten Menschen als obdachlos,

> „die auf der Straße leben, an öffentlichen Plätzen wohnen, ohne eine Unterkunft, die sich in Verschlägen, Parks oder unter Brücken etc. aufhalten.

---

[3] In: Bourdieu, Praktische Vernunft, S.21
[4] In: Kudera, Voß, Penneralltag, S. 7

Obdachlos sind aber auch Menschen in Notunterkünften, die keinen festen Wohnsitz haben und in Wärmestuben, Notschlafstellen oder anderen niederschwelligen Einrichtungen übernachten." [5]

Laut dieser Definition gelten Menschen als obdachlos, die sich in keinem festen oder vorübergehenden Wohnverhältnis befinden (keinen festen Wohnsitz haben[6]) und keiner geregelten oder überhaupt keiner Arbeit nachgehen. Im Unterschied zur „Wohnungslosigkeit"[7] befinden sie sich auch nicht für einen bestimmten Zeitraum in einer Einrichtung mit begrenztem Aufenthalt wie bspw. Asylheime und Herbergen. Insofern ist das bestimmende Merkmal der Obdachlosigkeit, dass der Schlafplatz ungesichert ist und jeden Abend neu organisiert werden muss. Einen Abend übernachtet ein Obdachloser in einer Wohnung die ihm zur Verfügung gestellt wird, den nächsten Abend im Park und dann vielleicht mehrere Nächte in einem verlassenen Haus, dass er entdeckt hat. Außerdem ist die soziale Komponente des täglichen Aufenthaltsortes Straße, auf welcher sich der Alltag und die sozialen Kontakte abspielen, von zentraler Bedeutung. Hierbei ist einzufügen, dass die soziale Komponente des „Straßenlebens" trotz festem Wohnungsverhältnis fortgeführt werden kann und daher das Wohnverhältnis zum Teil nicht von langer Dauer ist. Trotz rechtlichem Wohnverhältnis werden die Symbole der Obdachlosigkeit weitergetragen, daher sind auch diese Menschen nach meinem Verständnis in die Definition einzuschließen. [8]

3.2 Lebenswirklichkeit

„Das grundlegende Problem eines Stadtstreichers ist zunächst die Frage des Überlebens in einer Situation, in der das Notwendigste fehlt. Wie kommt man ohne eine eigene Wohnung und unter den Bedingungen materieller Not zurecht? Durch den Verlust der Wohnung verliert

---

[5] In: Bundesarbeitsgemeinschaft Wohnungslosenhilfe
[6] Die Bezeichnung OFW, ohne festen Wohnsitz, ist eine staatlich-rechtliche Kategorisierung dieser Menschen.
[7] Obdachlosigkeit wird in einigen Definitionen auch als Unterkategorie von Wohnungslosigkeit bezeichnet. Meiner Meinung nach sind dies aber getrennt voneinander zu betrachtende soziale Gruppen mit jeweils anderen Lebenswirklichkeiten. So schwierig die Unterscheidung manchmal scheint und auch hier Übergänge fließend sein können.
[8] Demnach würde jemand als nicht mehr obdachlos gelten, wenn neben festem Wohnverhältnis, teilweise verknüpfend mit einer Erwerbsarbeit, das „Straßenleben" zugunsten einer anderen Alltagsorganisation aufgegeben wird. Auch ich konnte erleben, dass eine feste Wohnung nicht vor Obdachlosigkeit schützt, da dies als Bezugsgruppe wahrgenommen wird, bei welcher man trotz Wohnung nächtigt oder diese bei sich nächtigen lässt. Deshalb dauert das Wohnverhältnis meist nicht lange an, da sich nicht um die Wohnung gekümmert wird, sich Anwohner daran stören oder die nötige Ämterkommunikation nicht stattfindet.

eine Person nicht nur ihren Platz zum Schlafen, sondern auch ihre Waschmöglichkeit, ihre Kochgelegenheit und ihren Platz für den persönlichen Besitz."[9]

Die Lebenswelt obdachloser Menschen ist vor allem durch Lebensbewältigung und der Sicherung der physischen Existenz geprägt. Die drei lebensnotwendigen Bereiche existenzieller Grundsicherung von Nahrung, Kleidung und Schlafplatz müssen tagtäglich gesichert werden. Zugänge zu den Ressourcen: Geld, durch Sozialhilfe, Betteln oder Zeitungsverkauf, Platz zum Schlafen, notwendigste Hygiene, warme Mahlzeiten, medizinische Versorgung, Kleidung und letztlich auch Alkohol, gilt es zu sichern. Daher ist der Tag, neben den sozialen Kontakten, vor allem der Lösung dieser drei Grundfragen und der Ressourcengewinnung gewidmet.[10] Hierbei bauen sich Überlebensstrategien auf, die als Wissenssysteme fungieren und untereinander weitergegeben, erlernt und ausgebaut werden. Die soziale Funktion der Gruppe ist, sich in ihrem Gefüge die gegenseitig notwendige Unterstützung zu geben um mit dem Straßenleben fertig zu werden. Außerdem wirkt die soziale Bezugsgruppe als identitätsstiftend, indem sich der „Habitus der Notwendigkeit"[11] und seine Überlebensstrategien in bestimmten Symboliken untereinander ausdrückt und die Zugehörigkeit deutlich macht.[12] Dennoch ist das „Straßenleben" auch mit viel Einsamkeit und Gruppenkonflikten verbunden und letzten Endes jeder auf sich allein gestellt.

Als Lebensraum suchen sich viele obdachlosen Menschen Großstädte oder die Nähe von Großstädten. Da die „Flucht in die Anonymität der Großstadt"[13] einerseits sozialer Ächtung, des als abnormal geltenden Lebensstils, entgehen soll, da man sich nicht an den Erwartungshaltungen anderer orientieren muss. Andererseits bieten Großstädte ein besser ausgebautes System von Hilfeeinrichtungen bezüglich der Bereitstellung von Nahrung und Schlafplätzen bzw. wird sich in der Großstadt eher weniger an auf der Straße oder in Parks nächtigenden Personen gestört. Noch dazu produziert eine Stadt stärkeren Überfluss und damit Überschuss an Konsumgütern, die Obdachlose für sich nutzen können (Pfandflaschen sammeln, weggeworfene Lebensmittel, verschenkte Kleidung).

---

[9] In: Penneralltag, S. 99
[10] Penneralltag, S. 16
[11] Bourdieu
[12] Girtler, Vagabunden, S.10
[13] Girtler, S.34

Die Sicherung des Schlafplatzes ist neben der Nahrung die wichtigste Organisationseinheit im Alltag eines Obdachlosen. Neben der Möglichkeit des Obdachlosenheims, indem Obdachlose für eine Nacht schlafen können oder sich für einen kürzeren Zeitraum aufhalten dürfen, nutzen obdachlose Menschen viele andere Orte um sich einen Schlafplatz aufzubauen. Dies können verlassene Häuser, Parks, Brücken, Bahnhöfe und Straßen sein. Die Qualität des Schlafplatzes und die Art des Aufbaus variiert stark von Zelten, bis zu Matratzen und Schlafsäcken, sowie Pappe als Untergrund zum Schlafen. Auch die Räumlichkeiten in verlassenen Häusern können von stark vermüllt bis zu dekorativ ordentlich als Behausung variieren. Ist eine Behausung gefunden, die vor Kälte, Regen und Vertreibung schützt, wird diese Schlafgelegenheit über einen längeren Zeitraum wahrgenommen.[14] Auch die Möglichkeit des Hausens in der Wohnung eines Obdachlosen oder ggf. ehemaligen Obdachlosen existiert als Variante.

Die Nahrungsmittelbeschaffung gestaltet sich nach unterschiedlichen Möglichkeiten. Einerseits gibt es Kirchen, Vereine, Tafeln oder ähnliches, welche teilweise wöchentlich, teilweise täglich warme oder kalte Speisen zur Verfügung stellen. Entweder kommen diese direkt zu den Orten an denen sich obdachlose Menschen aufhalten oder der Obdachlose muss die entsprechende Örtlichkeit aufsuchen. Mögliche Essensausgabestellen gehören auch zum Teil des Wissenssystem den sich Obdachlose untereinander weitergeben. Die Kommunikation untereinander ist daher von großer Bedeutung. Andere Varianten der Essensbeschaffung sind das Suchen im Müll nach essbaren Lebensmitteln, das Erfragen aussortierter Lebensmittel bei Ladengeschäften, Erbetteln von Lebensmitteln vor Kaufhallen oder auch das Kaufen von Lebensmitteln sobald ein wenig Geld zur Verfügung steht, welches meist „erschnorrt", also erbettelt ist (oder durch Zeitungsverkauf oder Sozialhilfe zur Verfügung steht). Deshalb bewegen sich obdachlose Menschen oft an Kaufhallen und Bahnhöfen. Da es leicht ist an geschenktes Essen zu kommen, fließt das „Erschnorrte" eher in den Genuss von Getränken, vor allem alkoholische[15]. Außerdem teilen obdachlose Menschen die zur Verfügung stehenden Lebensmittel und Getränke untereinander. Es gilt im Gruppengefüge als soziale Regel: Wer was

---

[14] Penneralltag, S. 99-106
[15] Wobei hier nicht dem einschlägigen Vorurteil aufgesessen werden soll, dass ein Großteil der Obdachlosen alkoholabhängig ist. Roland Girtler macht dies in seiner Studie deutlich. Auf der Straße besteht zwar eher die Gefahr in eine Alkoholabhängigkeit zu rutschen, jedoch trifft dies nicht auf alle Obdachlosen zu.

hat, gibt ab. (Seien es Wissen oder Konsumgüter)[16] Zumindest gilt das für die eigene soziale Bezugsgruppe.

Die Kleidung obdachloser Menschen ist zum Großteil auf der Straße gefunden (bspw. an aufgebrochenen Kleidercontainern oder von Menschen auf die Straße gestellte aussortierte Kleidung) oder sie haben diese geschenkt bekommen (in Hilfeeinrichtungen oder von Einzelpersonen). Dabei sind einige Kleidungsstücke leicht zu beschaffen, da sie relativ häufig vorkommen und die Größenunterschiede nicht so stark variieren, wie Shirts und Jacken, andere eher seltener und im Größenunterschied entscheidender wie Hosen und Schuhe.

Letzten Endes bauen sich obdachlose Menschen anhand dieser Organisationskategorien als Fixpunkte einen Alltag auf, der bestimmte Routinen und Strukturen in sich trägt. Dies prägt sich, wie wir im Folgenden sehen werden, im Habitus aus.

4 Beobachtungsstudie des Alltagslebens obdachloser Menschen

Unsere Forschungsgruppe, bestehend aus vier weiblichen Personen, hat sich nach der Beschäftigung mit der Theorie Bourdieus die Frage gestellt, welchen Habitus eine soziale Gruppe entwickelt, die als soziale Randgruppe in der Sozialstrukturanalyse kaum Beachtung findet. Vor allem hinsichtlich der Frage inwiefern am Habitus die soziale Ungleichheit nach außen getragen wird und sich deutlich macht bzw. ob habituelle Verhaltensunterschiede soziale Ungleichheit bedingen. Dies schien, im Sinne von gegenseitigen Verhaltenserwartungen, in Verbindung zu stehen. Um dem Habitus auf die Spur zu kommen, entschieden wir uns für eine Beobachtung mit anschließendem Interview. Die Interviews konnten aus zeitlichen Gründen nicht durchgeführt werden. Dies wäre für weitere Forschungen sicherlich interessant und sei hier daher kurz erwähnt. Desweiteren versuchten wir uns soweit wie möglich von Vorannahmen bezüglich der Lebenswelt obdachloser Menschen und Bewertungskategorien zu befreien, indem ich mir bspw. meine Vorannahmen (eigene Assoziationen zum Begriff der Obdachlosigkeit) auf einer MindMap im Brainstorming kenntlich machte um dieser bewusst zu werden.[17]

---

[16] Girtler, S.35ff.
[17] siehe Anhang 1

4.1 Erhebungsmethode Beobachtung

Da Beobachtungen oftmals Anwendung in ethnologischen Forschungszusammenhängen finden und wir kulturelle Praktiken des Kleidungs-, Ess-, Trink- und Aufenthaltsverhaltens obdachloser Menschen untersuchen wollten, erschien uns die Beobachtung sinnvoll. Dadurch kann der durch Handeln vermittelte Teil der Kultur hervortreten. Für unsere Untersuchung wählten wir eine nichtteilnehmende Beobachtung mit einer Mischung aus strukturiertem und nicht-strukturiertem vorher erstellten Beobachtungsbogen. So konnten wir sicher sein, ähnliche Kategorien zu beobachten, welches uns auch die Auswertung erleichterte. Eine Mischung aus quantitativer und qualitativer Beobachtung erschien uns in unserem Rahmen als zielführender, um uns in unserer Beobachtung nicht einzuengen. Als Beobachtungszeitraum legten wir uns bei jeder Beobachtung ca. zwei Stunden fest. Als Untersuchungsorte wählten wir unsere Lebensorte Berlin und Potsdam.

4.2 Erstellung des Beobachtungsbogens

Gemeinsam erstellten wir vor Beginn der Beobachtungen einen Beobachtungsbogen. Dieser bestand aus den vier Kategorien Ess-, Trink-, Aufenthaltsverhalten und Kleidung. Für die vier Kategorien legten wir jeweils drei Items fest, welche die Kategorien eingrenzen und strukturieren sollten. Zum jeweiligen Item sollte in der Beobachtung die Merkmalsausprägung eingetragen werden, diese blieben also offen. Den Beobachtungsbogen vollzogen wir gemeinsam einem Pretest, um herauszufinden ob sich dieser für die Beobachtung eignet. Dabei fiel uns auf, dass eine Kategorie Sonstiges notwendig ist, da sich einige Beobachtungszusammenhänge nicht in die anderen Kategorien einordnen ließen, uns aber von Bedeutung erschienen. Außerdem einigten wir uns darauf das Geschlecht und eine Alterseinschätzung hinzuzufügen. So erschien uns der Beobachtungsbogen letztendlich als geeignet für unsere Forschung.[18]

---

[18] siehe Anhang 2

4.3 Durchführung der Beobachtung

Jede unserer Forschungsgruppe führte die Beobachtung mithilfe des Beobachtungsbogens allein durch. Wir einigten uns vorher darauf, dass eine obdachlose Person an folgenden Merkmalen erkennbar ist: Schlafen an ungewöhnlichen Orten, Bei sich tragen seines Hab und Guts, verschmutzte und beschädigte Kleidung, sowie Erfragen von Geld.[19] Ich beobachtete eine männliche Person in einer Parkanlage in Berlin-Friedrichshain. Die Beobachtung sollte so unauffällig wie möglich verlaufen, ohne in Gefahr zu geraten oder die Beobachtungsperson in eine unangenehme Situation zu bringen. Insofern machte ich mir sehr kurze Notizen anhand von Schlagworten in längeren Abständen, noch dazu schlief meine Beobachtungsperson den Großteil der Beobachtungszeit. Ich versuchte mich auf eine jeweilige Kategorie zu konzentrieren und alle dahingehenden mir aufgefallenen Merkmalsausprägungen aufzuschreiben. Nach bereits einer Stunde habe ich die Beobachtung beendet, da alle derzeit beobachtbaren Kategorien gefüllt waren. Meine Kolleginnen beobachteten in Berlin und Potsdam in jeweils unterschiedlicher Beobachtungszeit.[20]

4.4 Auswertung der Beobachtungsergebnisse

Insgesamt wurden acht Personen beobachtet, von denen zwei weiblich und sechs männlich waren. Der Großteil befand sich in einer Altersgruppe von 30-45 Jahren, lediglich zwei im Alter von 46-55 und eine Person im Alter von 20-29. Die Beobachtungsdauer variiert von einer halben Stunde bis zu zwei Stunden.[21]

Im Essverhalten der Beobachtungspersonen lässt sich feststellen, dass vor allem bereits belegtes Brot oder andere Fertignahrung sitzend und per Hand konsumiert wird. In der Lebenswirklichkeit obdachloser Menschen stellt Brot ein praktisch zu verzehrendes Lebensmittel dar, da es keine Utensilien (Besteck, Teller, Tisch etc.) zum Verzehr benötigt. Denn Obdachlose führen selten Besteck mit sich, da sie dies irgendwo verstauen und tagtäglich umher tragen müssten. Zum Essen wird die Sitzposition gewählt, da kein Zeitdruck hinterm Essen steht und es die normale Sozialisation unserer Kultur darstellt, sich zu setzen um in Ruhe zu essen.

---

[19] Hier ist einzufügen, dass wir hier bereits Vorannahmen verarbeiten mussten um uns auf Symbole der Obdachlosigkeit zu einigen.
[20] siehe Anhang 3
[21] siehe Anhang 4

Das Ergebnis des Trinkverhaltens ist, dass die Beobachtungspersonen überwiegend Alkohol konsumierten. Überraschenderweise ist der situative Kontext des Trinkens hauptsächlich allein und sitzend gewesen. Die Getränke wurden eher nicht heruntergestürzt, sondern schluckweise konsumiert. Alkohol als kulturelles Berauschungsmittel unserer Gesellschaft ist sonst eher in geselligen Gruppenkontexten anzutreffen. Daher kann vermutet werden, dass der Alkoholkonsum bei obdachlosen Menschen eine Form des Freizeitverhaltens darstellt, die dazu geeignet ist den Tag rumzubringen und gleichzeitig eine Situation der Langeweile, Frustration über die Lebenssituation, die Härte des Straßenlebens und das Gefühl der Einsamkeit zu betäuben. Möglicherweise eine Kompensationsstrategie der eigenen Unzufriedenheit, denn Alkoholkonsum benebelt die Reflektionsfähigkeit der eigenen sozialen Situation.

Obdachlose halten sich vor allem an Bahnstationen und in Fußgängerzonen mit Einkaufsmöglichkeiten auf. Diese Orte eignen sich gut zum schnorren, da es dort einen intensiven Menschenverkehr gibt, welcher zum Einkaufen Geld mit sich führt. Außerdem bieten diese Aufenthaltsräume Wärme, eine Überdachung, sowie Bänke und Wiesen als Schlafmöglichkeit. Daher können dort alltäglicher Tagesablauf und Schlafmöglichkeit miteinander verbunden werden bzw. schlafen obdachlose Menschen einfach dort ein wo sie sich derzeit befinden. Meist gibt es keine Schlafutensilien. Bei sich führen sie eine Möglichkeit um Sachen zu transportieren, in den meisten Fällen eine Einkaufstüte, manchmal auch einen Rucksack. Einkaufstüten finden sich umsonst an vielen Ecken und können Dinge transportieren. Ein Rucksack ist praktischer und bietet mehr Stauraum, aber ist auch schwieriger zu bekommen. Ein Mindestmaß an Hab und Gut bzw. Stauraum für Essen und Getränke führt ein Obdachloser mit sich. Viele sind allein und interagieren nur wenig mit ihrer Umwelt. Meist sind sie mit sich selbst beschäftigt, reden sogar mit sich selbst oder beschäftigen sich mit ihrem Hund. Das deutet darauf hin, dass viele Obdachlose sich in sich selbst zurückziehen, da sie sich von der Gesellschaft ausgestoßen fühlen und Obdachlosigkeit als abnormales Verhalten von der Reaktion ihrer Mitmenschen auch gespiegelt bekommen. Eine Interaktion findet lediglich unter erkennbaren Gleichgesinnten, anhand bestimmter Symbole, statt. Das lässt auf Erfahrungen mit anderen sozialen Gruppen schließen, die Zurückweisung, Kritik oder Hilfebedürftigkeit in sich trugen. Obdachlose fühlen sich demnach nicht in die

Gesellschaft integriert und nicht auf Augenhöhe mit ihren Mitmenschen fernab ihrer sozialen Gruppe. Sie erfahren zum Großteil kein Verständnis ihrer Lebenssituation und erwarten dies auch nicht. Dennoch sind Obdachlose auf eine minimale Interaktion mit ihren Mitmenschen angewiesen, um an Geld und ggf. Essen und Getränke zu gelangen.

Als Kleidungsstücke werden die notwendigen in unserer Kultur gängigen Kleidungsstücke getragen: Hose, Shirt, Jacke und Schuhe. Getragen wird, was man gefunden oder geschenkt bekommen hat. Der Zustand der Kleidung variiert von sauber zu sehr dreckig und kaputt. Die stark beschädigte, verschmutzte oder „zusammengewürfelte" Kleidung kann als stilistisch zu erkennende Eigenheit dieser Gruppe betrachtet werden. Die Kleidung wird immer und überall getragen und solange wie möglich bis sie auseinanderfällt. Außerdem gibt es für Obdachlose kaum eine Möglichkeit die Kleidung zu waschen. Es konnte beobachtet werden, dass zwei Personen Schuhe trugen die sich eindeutig nicht mehr zum Laufen zu eignen schienen. In unserer Kleidungskultur gehören Schuhe zwangsläufig zur Grundausstattung. Dies wollen Obdachlose scheinbar beibehalten, auch wenn ihr Gebrauchswert hinüber ist, aber sie keine Ersatzmöglichkeiten haben. Weiterhin auffällig im Auftreten waren andere Erscheinungen, die sich mit mangelnden Hygienemöglichkeiten in Verbindung bringen lassen können, wie Vollbart und lange verfilzte Haare.

Im Bereich Sonstiges konnte in den Beobachtungen festgestellt werden, dass es viele Raucher gibt. Vermutlich auch als Mittel des Zeitvertreibs. Außerdem wurde auch hier ein Verhalten des Zurückziehens und interagieren mit sich selbst konstatiert, welches sich auch aggressiv durch Pöbeleien an Mitmenschen äußern kann.

5 Zusammenfassung

Die Ergebnisse unserer Beobachtungen ergeben sich aus dem besonderem Lebenszusammenhang und der Lebenswirklichkeit des obdachlosen Straßenlebens: Es werden die einfachsten und schnellsten Lösungen gesucht, was Essen und Schlafen betrifft. Da Klamotten meist gefunden oder geschenkt worden sind, werden diese so lange getragen bis sie auseinanderfallen und kaum gewaschen. Angezogen wird das was praktisch und notwendig ist. Um das Leben und die Tagesdröge zu ertragen, stellen Alkohol- und Zigarettenkonsum einen integrativen Bestandteil dar. Da die Obdachlosen viel mit sich allein sind, scheinen Sie sich in ihre eigene Welt zu flüchten, die die sozialen Standards der Außenwelt bricht. Lebenswirklichkeit und Lebensumgebung ergeben habituelle Formen, die sich auf Einfachheit, Lebensnotwendigkeit und erwartbares Verhalten der Umwelt zurückführen lassen. Hierbei orientiert sich der „Habitus der Notwendigkeit" in den Geschmacksvorlieben an Umweltgegebenheiten in Zugang und Verfügbarkeit von bestimmten Ressourcen. Dies äußert sich anhand unserer Untersuchung symbolisch in den verschiedenen Kategorien: Speisenauswahl Brot, Getränkeauswahl billiger Alkohol, soziale Komponente Einsamkeit, Aufenthaltsräume Bahnhöfe und Einkaufspassagen, Transportmittel Plastiktüten, Aufenthaltsart Sitzhaltung, Kleidungsstil verschmutzte und kaputte Kleidung, Konsummittel Zigaretten, Geldbeschaffungsvariante Betteln und sozialer Rückzug Selbstgespräche. Dies kann als Habitus der Obdachlosigkeit beschrieben werden.

In Rückführung auf Bourdieu und sein Habituskonzept ließ sich konstatieren, dass die soziale Gruppe der Obdachlosen einen eigenen Habitus entwickelt um sich untereinander identitär zu verknüpfen, sich als Mitglieder einer Gruppe kenntlich zu machen und nach außen hin abzugrenzen. Der Habitus fußt auf Erfahrungswerten aus der eigenen Lebenswirklichkeit heraus. Spannende für weitere Forschungen zum Thema Habitus und Obdachlosigkeit wäre herauszufinden, inwiefern obdachlose Menschen den Habitus ihrer unterschiedlichen Sozialisation in unterschiedlichen Schichten in die Obdachlosigkeit hineintragen. Wer hält es für notwendig auf ein ordentliches Auftreten zu achten? Wer investiert sein Geld in Lesematerial? Wer organisiert sich eine Tischsituation mit Besteck und Teller?

Zumindest soll durch diese Arbeit deutlich geworden sein, dass sich Obdachlosigkeit als eigener Habitus beschreiben lässt, durch den soziale Ungleichheit deutlich wird. Dies bringt Vor- und Nachteile in der eigenen sozialen Gruppe, sowie in der Interaktion mit der Umwelt. Der Habitus ist identitätsstiftend und bildet sich daher notwendigerweise in sozialen Gruppen, die einem bestimmten Milieu zugehörig sind, aus.

6 Selbstreflektion und Fehleranalyse

Abschließend bewerte ich unsere Forschungsmethode als moralisch kritisch. Menschen zu beobachten ohne das sie davon in Kenntnis gesetzt werden, hat den Charakter von einer Beobachtung von Tieren im Zoo. Der Mensch befindet sich in der Zeit der Beobachtung im wissenschaftlichen Käfig für die eigene wissenschaftliche Erkenntnisfähigkeit. Vielleicht sollte der Grad der Verfälschung in Kauf genommen werden, sich als Beobachter Kund zu tun um das Einverständnis der beobachteten Personen zu erlangen und sich in kein moralisches Dilemma zu verwickeln. Für mich als Beobachter, sowie für die Beobachtungsperson kann das sonst unangenehme Situationen hervorrufen, weswegen ich meine Beobachtung nach bereits einer Stunde abgebrochen habe. Als Beobachter versucht man so schnell wie möglich die Situation zu verlassen. Welche Beobachtungsergebnisse dem Forscher dabei entgehen, sei dahin gestellt. Ebenfalls kritisch anzumerken ist hierbei, dass der Forscher sich nimmt die Beobachtungsperson kennenzulernen und eine Beziehung zu ihr aufzubauen. Noch dazu hat die Beobachtungsperson keine Möglichkeit sich und sein Verhalten zu erklären. Dies bedingt meiner Meinung nach noch viel eher Vorurteile und Vorannahmen, sowie das Drüberlegen eigener Sinnzusammenhänge über kurzzeitig beobachtetes Verhalten. Noch dazu lassen sich einige Verhaltensweisen nicht beobachten, wenn die Beobachtungsperson den Beobachter nicht darauf hinweist oder zu bestimmten Orten führt.

Als Fehlerquellen unserer Forschung lässt sich festhalten, dass die Beobachtungszeit für das Forschungsthema viel zu gering angesetzt war. Noch dazu haben die Beobachter diese alle unterschiedlich eingehalten und durchgeführt. Am zielführendsten wäre es gewesen Personen über mehrere Tage zu begleiten und auch wie ursprünglich angedacht zu interviewen. Noch dazu beobachteten wir die Sommerzeit, in der die Lebenswirklichkeit obdachloser Menschen nochmal anders ist als in kälteren Jahreszeiten. Daher kann ich als Fazit ziehen, bei einer weiteren Forschung zum Thema, eher auf eine längere teilnehmende strukturierte und unstrukturierte Beobachtung als Erhebungsmethode mit begleitenden Interviews zurückgreifen zu wollen.

Literaturverzeichnis

1. Bourdieu, Pierre: Praktische Vernunft. Zur Theorie des Handelns. Aus dem Französischen von Hella Beister, Frankfurt am Main 1998.

2. Brake, Anna/Bremer, Helmut/Lange-Vester, Andrea (Hg.): Empirisch arbeiten mit Bourdieu. Theoretische und methodische Überlegungen, Konzeptionen und Erfahrungen, Weinheim und Basel 2013.

3. Bundesarbeitsgemeinschaft Wohnungslosenhilfe (Hg.): Begriffsdefinitionen von Obdachlosigkeit, Wohnungslosigkeit und prekärer Wohnversorgung, Pfad: http://www.bawo.at/de/content/wohnungslosigkeit/definitionen.html (Zugriff, 19.08.2015)

4. Girtler, Roland: Vagabunden in der Großstadt. Teilnehmende Beobachtung in der Lebenswelt der „Sandler" Wiens, Stuttgart 1980.

5. Kudera, Werner/Voß, Günther (Hg.): „Penneralltag". Eine soziologische Studie von Georg Jochum zur Lebensführung von „Stadtstreichern" in München, München 1996.

6. Schnell, Rainer/Hill, Paul B./Esser, Elke: Methoden der empirischen Sozialforschung, München [u.a.] 1999, Kapitel 7.2.

Anhang

1 Assoziationen Beobachtung

Assoziationen Obdachlosigkeit:
- Gewalt
- Gruppenleben vs. **Einsamkeit**
- **Drogenkonsum**
- **Keine Hygienestandards**
- **Schlafplatz draußen**
- Gewalt
- Pfand sammeln
- Unzurechnungsfähigkeit
- Krankheiten
- Mülleimer durchsuchen
- **In den Tag hinein leben, von Tag zu Tag leben, keine Planung**

2 Beobachtungsbogen

Ess-, Trink-, Wohn- und Kleidungskulturen von Obdachlosen

Person.Nr.:

Geschlecht: Alter:

Beginn der Beobachtung: Ende der Beobachtung:

Kategorie	Items	Merkmalsausprägung
Essverhalten	Speisen/Nahrungsmittel	
	Zubereitung	
	Nahrungsaufnahme	
Trinkverhalten	Getränke/Art	
	Situativer Kontext des Trinkens	
	Menge in Beobachtungszeit	
Aufenthaltsverhalten	Ort des (Schlaf-)Platzes	

	Utensilien	
	Soziales Verhalten	
Kleidung	Kleidungsstücke am Körper	
	Zustand der Kleidung	
	Besondere Merkmale/ Auffälligkeiten	
Sonstiges		

3 ausgefüllte Beobachtung

Ess-, Trink-, Wohn- und Kleidungskulturen von Obdachlosen

Beobachtung: durch Handeln vermittelter Teil der Kultur

Person.Nr.: 1

Geschlecht: männlich

Alter: 30-40

Beginn der Beobachtung: 12:00

Ende der Beobachtung: 13:00

Kategorie	Items	Merkmalsausprägung
Essverhalten	Speisen/Nahrungsmittel	Toast, Käse, Salami, Remoulade
	Zubereitung	Keine Zubereitung, fertig
	Nahrungsaufnahme	Fand nicht statt
Trinkverhalten	Getränke/Art	Korn, Saft

18

	Situativer Kontext des Trinkens	Alleine, Wiese Mittelstreifen, kurzes Aufwachen und Trinken dann weiterschlafen
	Menge in Beobachtungszeit	Jeweils ein Korn und ein Saft, nicht leergetrunken in Beobachtungszeit
Aufenthaltsverhalten	Ort des (Schlaf-)Platzes	Wiese Mittelstreifen Warschauer unter Baum
	Utensilien	Plastiktüte, Alkohol
	Soziales Verhalten	Grummlig bei kurzen Wachphasen, wirkt abwesend und für sich
Kleidung	Kleidungsstücke am Körper	Shirt, Hose, Schuhe, Jacke umgebunden
	Zustand der Kleidung	Shirt, Hose und Jacke verschmutzt, aber kaum beschädigt Schuhe stark beschädigt, fallen auseinander
	Besondere Merkmale/ Auffälligkeiten	Schuhe eigentlich nicht mehr zum Laufen geeignet
Sonstiges		Platzwunden im Gesicht und am Kopf, leicht übergewichtig

4 Auswertung der Beobachtungen

Person.Nr.: 8 Personen

Geschlecht: weiblich (2x), männlich (6x)   Alter: (25-55)

Länge der Beobachtungen: 20min (2x), 1 Stunde (2x), 1 ½ h (1x), 2h (3x)

Kategorie	Items	Merkmalsausprägung
Essverhalten	Speisen/Nahrungsmittel	Trockenes Brötchen (1x); Reis (1x), Laugenstange (trocken) (1x); belegtes Brot (2x)

	Zubereitung	Fertignahrung (4x); frisch vor Ort belegt (1x)
	Nahrungsaufnahme	Per Hand (3x); mit Plastikgabel (1x), bewegend (1x), sitzend (4x), keine (1x)
Trinkverhalten	Getränke/Art	Bier (1x), Wasser (1x), Fruchtwein (1x), Spirituose (2x), Saft (1x)
	Situativer Kontext des Trinkens	Allein (5x), in Gruppe (1x), sitzend (4x)
	Menge in Beobachtungszeit	Schuckweise (ca. 250-400ml) (3x), gar nicht (4x), 2 Flaschen (Bier) (1x)
Aufenthaltsverhalten	Ort des (Schlaf-)Platzes	Vor Supermarkt (1x), an U-Bahn-Station (1x), Eingang der S-Bahn-Station (1x), Schlafplatz unter S-Bahn-Brücke (1x), in Fußgängerzone (4x), auf Bank vor Cafe (zugehörig) (1x), geschlafen auf grünem Randstreifen (2x),
	Utensilien	Einkaufstüte (7x), Rucksack (3x), Isomatte (1x), Sportbeutel (1x), Korb (1x), Einkaufswagen mit Besitz (1x), Klappmatratze mit Decken (1x)
	Soziales Verhalten	Allein (7x), in Gruppe mit Unterhaltungen (1x), mit sich selbst geredet (1x), spricht Passanten an (3x), Augenkontakt gehalten (1x), Interaktion mit Hund (1x), freundlich (2x), grummlig (1x), mit sich beschäftigt (6x)
Kleidung	Kleidungsstücke am Körper	Kurze Hose (1x), Leggings (1x), Stiefel (1x), T-Shirt (5x), Pullover (2x), lange Hose (5x), (Turn)Schuhe (5x), Jacke (4x),

		Joggingshose (2x), Kopfbedeckung (2x) , Sandalen (1x)
	Zustand der Kleidung	Sehr dreckig (2x), kaputt (2x), leicht dreckig (2x), sauber (2x), stark beschädigt (1x), dreckig (1x)
	Besondere Merkmale/ Auffälligkeiten	Piercings (1x), Tätowierungen (1x), Vollbart (3x), lange verfilzte Haare (1x), Schuhe nicht mehr zum Laufen geeignet (2x)
Sonstiges		Rauchen (5x), wenig deutsch (1x), geregelter Tagesplan (1x), Rollstuhl (1x), körperliche Behinderung (1x), wiederholtes Geldzählen (1x), bewegt sich in Radius von 100m (1x), mich sich selbst sehr laut reden (1x), anpöbeln von Passanten (1x), wild gestikuliert (1x), Platzwunden im Gesicht (1x), fremdsprachig (3x)

Lightning Source UK Ltd.
Milton Keynes UK
UKHW041943181218
334232UK00001B/123/P